12
사냥꾼 아탈란테와 멜레아그로스

주니어RHK

신화의 가치

신화는 한 민족의 기원이나 역사적 · 종교적 · 문화적 삶의 모습을 보여 주는 옛이야기입니다. 주로 신과 영웅에 관한 이야기가 많고, 오랫동안 입에서 입으로 전해 내려왔다는 특징이 있지요.

우리가 살펴볼 그리스 로마 신화는 고대 그리스와 로마에 전해 오는 신화와 전설을 한데 묶은 것입니다. 그리스 로마 신화는 고대의 삶을 엿보게 해 주는 문화유산일 뿐만 아니라, 세계 여러 나라의 문학과 미술에 큰 영향을 끼쳤습니다. 하지만 문화적 가치만큼이나 중요한 것이 또 있습니다. 오래된 옛이야기이면서도 거기에 담긴 교훈적 가치가 오늘날에도 여전히 쓸모 있고 중요하다는 사실입니다.

놀랍지 않나요? 수천 년 전의 이야기가 어떻게 과학 문명이 고도로 발달한 오늘날에도 통하는 것일까요? 그것은 바로 그리스 로마 신화에 나오는 신과 영웅의 모습이 오늘날 우리의 모습과 다르지 않기 때문입니다. 신들도 우리처럼 분노하고, 질투하고, 실수를 하지요. 그런 모습을 보면서 우리는 깔깔 웃거나 눈물을 흘리고, 교훈과 감동을 얻습니다. 우리가 그리스 로마 신화를 읽어야 하는 까닭이 바로 이것입니다.

신화의 세계로 떠날 여러분에게 한마디 덧붙이자면, 신화는 우리에게 끝없는 상상력을 요구한다는 점입니다. 신화 속에는 수많은 은유와 상징이 곳곳에 널려 있지요. 따라서 신화를 읽을 때에는 상상력을 최대한 발휘하여 신화 속에 숨겨진 의미를 찾고, 그것을 자기 나름대로 재해석하는 과정이 필요합니다. 이렇게 읽었을 때에야 비로소 여러분 앞에 놀라운 삶의 이야기가 펼쳐질 것입니다.

자, 그럼 흥미진진한 신화의 세계 속으로 함께 떠나 볼까요?

아탈란테는 딸이라는 이유로 부모에게 버림받지만
곰의 보호 속에서 어떤 남자보다도 강한 사냥꾼으로 자라요.
어느 날, 칼리돈에 사나운 멧돼지가 나타나자
아탈란테는 다른 사냥꾼들과 함께 멧돼지 사냥에 나섭니다.
하지만 대부분 아탈란테를 반기지 않는 분위기였지요.
과연 아름다운 아탈란테를 둘러싸고 어떤 일들이 벌어질까요?

주요 등장인물

⚜ 아르테미스 ⚜

제우스와 레토의 딸로 사냥의 여신이에요. 평생 결혼하지 않아 처녀를 상징하는 신이기도 해요. 아탈란테를 시험해 보고 마음에 들어 해요.

⚜ 알타이아 ⚜

칼리돈의 왕비로 멜레아그로스를 낳아요. 아들을 지키기 위해 애쓰지만 생각처럼 되지 않아요.

⚜ 멜레아그로스 ⚜

칼리돈의 왕자로, 용감하고 사냥을 잘해요. 흥분을 잘해서 한 번 화가 났다 하면 뜻밖의 일을 저지르기도 해요. 아탈란테를 속으로 좋아해요.

⚜ 아탈란테 ⚜

이아소스 왕의 딸로 어릴 때 버려졌어요. 남자들보다도 달리기와 사냥 솜씨가 뛰어나요. 외모도 무척 아름다워요.

1
멜레아그로스의 탄생

그때 마지막 운명의 여신이 나지막이 말했습니다.

"그게 다 무슨 소용이 있을까.

이 아이의 운명은 저 난로 안의 장작과 같은 것을……."

그리스에 칼리돈이라는 나라가 있었습니다. 왕 오이네우스와 왕비 알타이아는 평화롭게 나라를 다스렸습니다.

어느 날, 알타이아가 귀여운 아기를 낳았습니다. 왕 오이네우스는 무척 기뻐했습니다. 알타이아가 왕자를 낳았다는 소식은 널리 퍼졌습니다.

"왕자님이 태어나셨다!"

백성들도 왕자의 탄생을 축하했습니다.

왕은 아기에게 멜레아그로스라는 이름을 붙여 주었습니다.

"우리 아가, 용감하고 씩씩하게 자라거라."

멜레아그로스는 말 그대로 건강하고 사랑스러운 아기였습니다. 알타이아는 그런 멜레아그로스가 무척 사랑스러워 잠시도 곁을 떠나지 않았습니다.

멜레아그로스가 태어난 지 일주일째 되는 날이었습니다. 여느 때와 같이 알타이아가 아기를 돌보고 있었습니다.

그때 갑자기 빛이 번쩍이더니, 세 여신이 나타났습니다. 이들은 운명을 다스리는 여신이었습니다. 알타이아는 운명의 여신이 무슨 말을 할지 귀를 기울이고 들었습니다.

첫 번째 여신이 말했습니다.

"칼리돈에 용감한 아기가 태어났구나."

두 번째 여신이 말했습니다.

"그 용기 때문에 영광을 얻을 것이다."

알타이아는 그 말을 듣고 미소를 지었습니다. 그때 마지막 운명의 여신이 나지막이 말했습니다.

"그게 다 무슨 소용이 있을까. 이 아이의 운명은 저 난로 안의 *장작과 같은 것을……."

알타이아는 깜짝 놀랐습니다.

"장작과 같다고요? 그럼 저 장작불이 다 타면 우리 멜레아그로스도 죽는다는 뜻인가요?"

운명의 여신은 말없이 고개를 끄덕였습니다.

*장작 통나무를 길쭉하게 잘라서 쪼갠 땔나무.

신이 정해 준 운명

운명의 여신은 제우스와 테미스의 딸들로 모이라이 여신이라고 해요. 모이라이는 그리스 어로 운명이라는 뜻이지요. 운명의 여신은 아이가 살아가는데 필요한 복도 주지만, 어쩔 수 없는 불행도 정해 주었어요. 신화 속 운명의 여신을 보면 그리스 사람들의 생각을 알 수 있어요. 운명은 어쩔 수 없는 것이므로 좋은 것이든 나쁜 것이든 피할 수 없으니 받아들여야 한다는 것이지요. 여기에는 불행이 닥쳐와도 그것을 받아들이고 긍정적으로 생각하려는 마음이 담겨 있답니다.

운명의 여신은 빛과 함께 거짓말처럼 사라졌습니다.

“우리 멜레아그로스가 곧 죽는다고?”

알타이아는 어찌할 바를 몰라 부들부들 떨었습니다.

“우리 아기를 죽게 할 수 없어, 절대로!”

알타이아는 벌떡 일어나 난로로 다가갔습니다. 불붙은 장작을 하나 꺼내

서둘러 불을 껐습니다. 장작에서는 연기만 피어올랐습니다.

알타이아는 보석 상자를 꺼내 타다 만 장작을 집어넣었습니다. 그러곤 보석 상자를 아무도 모르는 깊은 곳에 감추었습니다.

"이젠 괜찮을 거야."

아무것도 모르는 멜레아그로스는 엄마를 보며 까르르 웃었습니다. 알타이아는 멜레아그로스를 품에 꼭 껴안았습니다.

난로에 남아 있는 장작불은 서서히 타올랐습니다. 장작이 다 타서 재가 되었지만 숨겨 둔 장작 덕분에 멜레아그로스는 멀쩡했습니다. 알타이아는 기뻤습니다.

그 뒤로 멜레아그로스는 씩씩하고 건강하게 자랐습니다. 병으로 앓아눕는 일도 없었습니다. 활쏘기와 창 던지기, 달리기 등을 배우면서도 한 번도 다치지 않았습니다.

어느새 멜레아그로스는 밝고 당당한 청년으로 자라났습니다. 활과 창을 쓰는 데에도 능숙할 뿐만 아니라 사냥 솜씨도 무척 뛰어났습니다.

"어디에도 너만큼 늠름하고 멋진 왕자는 없을 거야."

알타이아는 아들이 무척 자랑스러웠습니다.

2
아름다운 사냥꾼 아탈란테

"자네 아탈란테 얘기 들었는가?"

"물론이지. 아르테미스 여신만큼이나 대단하다던데?"

그 소문은 여신 아르테미스의 귀에까지 들어갔습니다.

멜레아그로스에게는 친구가 여럿이었습니다. 그중에는 아탈란테라는 여자도 있었습니다.

아탈란테는 본래 이아소스 왕의 딸이었습니다. 아들을 손꼽아 기다리던 이아소스는 딸이 태어난 것을 알자 숲에 버리라고 명령했습니다. 숲 속에 사는 곰은 버려진 아기를 데려다 젖을 먹이며 키웠고, 아탈란테는 숲에서 마음껏 뛰어놀며 자랐습니다.

어느덧 아탈란테는 멋지고 당당한 *여걸이 되었습니다. 남자들보다 힘이 세고 행동이 재빨랐습니다.

*여걸 용기가 뛰어난 여자.

특히 달리기 솜씨는 누구에게도 뒤지지 않았습니다. 활쏘기도 무척 잘했습니다. 아탈란테와 사냥을 해 본 사냥꾼들은 그녀에 대해 칭찬을 아끼지 않았습니다.

게다가 아탈란테는 얼굴도 무척 아름다웠습니다. 사람들은 아탈란테의 매력에 금세 빠져들곤 했습니다.

아탈란테에 대한 소문은 금세 퍼져 나갔습니다.

"자네 아탈란테 얘기 들었는가?"

"물론이지. 아르테미스 여신만큼이나 대단하다던데?"

그 소문은 여신 아르테미스의 귀에까지 들어갔습니다. 아르테미스는 사냥의 여신으로 활 솜씨가 뛰어났습니다. 아탈란테 이야기는 아르테미스 여신에게 무척 *흥미롭게 들렸습니다.

"인간인데도 나에게 견줄 만큼 뛰어나다고? 어디 한번 시험해 볼까?"

아르테미스는 아탈란테가 잘 다니는 숲에 사슴 한 마리를 풀어 놓았습니다. 아니나 다를까 아탈란테는 사슴을 발견하고는 곧바로 뒤쫓아 달렸습니다. 어찌나 빠르던지 사슴을 앞지를 정도였습니다.

아탈란테는 얼른 활을 겨누어 사슴을 잡았습니다. 그러곤 의기양양하게 사슴을 짊어지고 집으로 향했습니다. 그 모습을 보고 아르테미스 여신은 흐뭇한 미소를 지었습니다.

'역시 소문대로 사냥 솜씨가 뛰어나구나.'

*흥미롭다 흥을 느끼는 재미가 있다.

아르테미스와 님프들

〈아르테미스와 그녀의 님프들〉 빌럼 판 미리스

아르테미스는 제우스와 레토 사이에 태어난 딸이에요. 태양신 아폴론과는 쌍둥이 남매 사이로, 달의 여신이자 야생동물과 식물, 사냥의 여신이에요. 님프들과 함께 산이나 숲을 춤추며 돌아다니는 걸 좋아하고, 야생동물과 식물을 마음대로 부렸어요. 또 힘도 세고 사냥의 명수였어요. 처녀성을 상징하는 여신이기도 해서 평생 결혼을 하지 않고 혼자 살았고, 순결한 처녀들을 보호해 주었어요.

아르테미스는 아탈란테 앞에 모습을 드러냈습니다. 아탈란테는 무척 놀라고 또 기뻤습니다. 그동안 아르테미스 여신을 존경해 왔기 때문입니다.

"아르테미스 님, 저도 여신님처럼 되고 싶어요."

아르테미스는 아탈란테가 마음에 들었습니다. 아르테미스는 결혼을 하지 않고 사냥을 즐기며 지내던 터였습니다.

아탈란테는 아르테미스 여신 앞에서 평생 결혼을 하지 않고 숲을 자유롭게 누비며 살겠다고 약속했습니다.

3
멧돼지의 습격

아르테미스는 멧돼지를 칼리돈으로 보냈습니다.
"지금 당장 가서 칼리돈을 쑥대밭으로 만들어라!"
멧돼지는 칼리돈을 향해 무섭게 달려갔습니다.

농업 및 가축과 관련된 신들

농사를 다스리는 신은 데메테르예요. 데메테르는 대지와 농업, 곡식의 신으로 땅을 기름지게 하고, 곡식이 잘 자라게 도와주어요. 디오니소스는 술의 신으로 농사가 풍요롭게 되도록 돕고 식물의 성장을 담당해요.

아테나 여신은 도시의 수호신이자 전쟁의 신이지만, 지혜나 공예, 기술을 담당하면서 인간들에게 농사짓는 기술이나 농기구 등을 전해 주었어요. 아르테미스는 들판을 다스리는 신으로, 동식물이 번성하고 새끼를 낳는 일을 도왔어요.

어느 해, 그리스 칼리돈 지방에 *풍년이 들었습니다. 곡식이며 포도, 올리브가 풍성하게 열리자, 농부들은 무척 기분이 좋았습니다. 칼리돈의 왕 오이네우스와 왕비 알타이아도 기뻐했습니다. 알타이아가 말했습니다.

"이렇게 크게 풍년이 들다니, 올해는 신들에게 감사의 뜻으로 제물을 바치는 것이 좋겠어요."

알타이아는 그해 처음 거두어들인 햇곡식과 햇과일을 정성스레 준비했습니다.

"칼리돈을 지켜 주는 신들이여, 올해 처음으로 수확한 열매와 곡식으로 감사 인사를 드리오니 부디 받아 주소서."

알타이아는 데메테르 여신, 디오니소스 신, 아테나 여신 등 농사를 도와주는 신들 뿐만 아니라 올림포스의 모든 신들에게 정성껏 제물을 바쳤습니다. 그런데 그만 깜빡하고 아르테미스 여신은 잊고 말았습니다.

*풍년 곡식이 잘 자라고 잘 여물어 평년보다 수확이 많은 해.

올림포스의 신들은 알타이아의 제물을 받고 흐뭇했습니다.

"칼리돈 지방의 알타이아가 감사 제물을 바쳤네."

"음, 나도 받았지. 하나하나 정성껏 준비했더군."

"모든 신들에게 제물을 바친 모양이야."

신들은 모여서 알타이아를 칭찬했습니다. 이 모습을 지켜보던 아르테미스 여신은 속으로 부르르 떨었습니다.

'뭐라고? 나만 쏙 빼놓고 다른 신들에게 제물을 바쳤다고?'

아르테미스 여신은 신전으로 돌아와서도 화가 풀리지 않았습니다. 생각하면 생각할수록 화가 났습니다.

"알타이아, 네가 감히 나를 무시하다니 고얀 것 같으니라고! 어디 두고 보자!"

아르테미스 여신은 알타이아를 혼내 주기로 마음먹었습니다.

아르테미스 여신은 곧 커다란 멧돼지 한 마리를 만들었습니다. 멧돼지의 눈은 핏발이 서고, 불길로 이글거렸습니다. 온몸에는 창날같이 뾰족한 털이 나 있고, 코끼리처럼 기다란 *엄니는 무척 날카로웠습니다. 아르테미스는 멧돼지를 칼리돈으로 보냈습니다.

"지금 당장 가서 칼리돈을 *쑥대밭으로 만들어라!"

멧돼지는 칼리돈을 향해 "쉭, 쉭!" 하면서 무섭게 달려갔습니다. 그리고 닥치는 대로 칼리돈의 논과 밭을 파헤쳐서 엉망으로 만들었습니다. 과수원의 포도밭과 올리브 열매도 짓밟았습니다. 열매들은 미처 다 익기도 전에 가지째 떨어져 짓이겨졌습니다.

*엄니 사자, 호랑이, 멧돼지 등에 있는 크고 날카롭게 발달해 있는 이.
*쑥대밭 매우 어지럽거나 못 쓰게 된 모양을 비유적으로 이르는 말.

난폭하게 날뛰는 멧돼지는 거기서 그치지 않았습니다. 양 떼를 모는 목동만 보면 사정없이 덤벼들었고, 목동은 물론 양들까지 피를 흘리고 쓰러졌습니다. 사나운 황소들도 멧돼지의 공격을 받아 떼죽음을 당했습니다. 멧돼지가 사람까지 들이받자, 사람들은 덜덜 떨며 집과 농장을 버리고 성 안으로 몸을 피했습니다.

"이를 어쩌면 좋아! 올해 농사를 다 망치게 생겼어."

"우리 양 떼가 다 죽었어요. 흑흑."

사람들은 *절망에 빠졌습니다. 하지만 멧돼지를 막을 수는 없었습니다.

*절망 바라볼 것이 없게 되어 모든 희망을 끊어 버림. 또는 그런 상태.

이 소식을 들은 알타이아는 깜짝 놀랐습니다.

“뭐? 멧돼지가 논밭을 망가뜨리고 사람까지 해친다고?”

“아무래도 보통 멧돼지가 아닌 듯합니다.”

“이를 어쩌면 좋단 말이냐.”

알타이아는 근심에 휩싸였습니다.

“위험한 멧돼지를 물리칠 좋은 방법이 없을까?”

옆에 있던 멜레아그로스가 나섰습니다.

“어머니, 저도 가만있을 수 없습니다. 멧돼지 사냥 대회를 열어 주십시오. 사냥꾼들과 함께 멧돼지를 꼭 잡겠습니다.”

알타이아는 멜레아그로스가 믿음직스러웠습니다.

“그래, 멜레아그로스, 너라면 할 수 있을 거야. 이번 사냥 대회를 부탁하마.”

“예. 제게 맡겨 주십시오.”

“위험할 테니 부디 조심하렴.”

4
멧돼지 사냥

사냥꾼들은 멧돼지를 향해 창을 던지고 화살을 쏘아 댔습니다.
하지만 멧돼지는 이리저리 피하며 사냥꾼들을 향해
무서운 기세로 달려들었습니다.
"모두 피해요!"

사냥 대회가 열린다는 소식에 나라 곳곳에서 용감한 사냥꾼들이 모여들었습니다. 괴물 미노타우로스를 물리친 영웅 테세우스, 황금 양털을 찾아온 이아손, 힘이 좋고 레슬링 솜씨가 뛰어난 펠레우스, 활쏘기를 잘하는 네스토르 등도 용감하게 나섰습니다.

그런데 사냥 하면 빠질 수 없는 사람이 또 한 사람 있었습니다. 바로 아탈란테였습니다. 아탈란테는 한달음에 달려와 사냥 대회에 참가했습니다. 그 모습이 얼마나 씩씩하고

아름답던지 사냥꾼 중에서 단연 눈에 띄었습니다.

아탈란테는 치렁거리는 머리카락을 하나로 모아 묶고, 왼손에는 활을 들고 있었습니다. 어깨에는 화살이 가득 든 화살통을 메고 있었는데, 그 모습이 눈부시게 아름다웠습니다.

'정말 용감하고 아름답구나.'

멜레아그로스는 아탈란테를 보고 한눈에 반하고 말았습니다. 하지만 그 마음을 겉으로 드러내지는 못 했습니다.

다른 사냥꾼들은 아탈란테를 보고 못마땅해 했습니다. 여자가 사냥에 나선 것이 꼴 보기 싫었던 것이지요. 특히 멜레아그로스의 외삼촌들은 심하게 반대했습니다.

"이런 위험한 사냥에 여자가 나서다니, 절대 받아들일 수 없다!"

"외삼촌! 아탈란테는 소문난 사냥꾼입니다. 보통 여자들과는 다릅니다."

멜레아그로스가 말했지만, 외삼촌들은 의견을 굽히지 않았습니다. 그러자 아탈란테가 나섰습니다.

"그럼 제가 한마디만 할게요. 여기서 저보다 빨리 달리고 저보다 활을 잘 쏘는 사람 있으면 나와 보세요!"

그러자 수군대던 사람들은 아무 말도 하지 못 했습니다. 그때 옆에 선 펠레우스가 한마디 거들었습니다.

"아탈란테의 실력은 모두가 잘 알지 않습니까? 함께 사냥을 간다면 분명 큰 도움이 될 것입니다."

사냥 대회에 환영 받지 못 한 아탈란테

고대 그리스에서는 여자가 평등한 대우를 받지 못 했어요. 민주주의가 가장 먼저 발달한 아테네에서도 모든 것이 남자 중심이었지요. 정치에 참여할 수 있는 권한도 남자만 가지고 있었고, 여자는 권한이 없었어요. 재산을 물려줄 때에도 여자에게는 주지 않고, 여자의 남편에게 주었답니다. 고대 그리스가 남자 중심의 사회이다 보니 남자들만 참가하는 사냥 대회에 여자인 아탈란테가 참가하는 것을 못마땅하게 여긴 거예요.

마지막으로 멜레아그로스가 *단호하게 말했습니다.

"아탈란테는 우리 중 가장 뛰어난 사냥꾼입니다. 이 사냥 대회를 이끄는 자로서, 아탈란테를 받아들이겠습니다. 반대하는 사람이 있다면 당장 이 자리를 떠나십시오."

그러자 더 이상 아무도 아탈란테가 사냥 대회에 참가하는 것을 반대하지 않았습니다.

"자, 그럼 모두 제 뜻을 받아들이는 걸로 알겠소. 이제 사냥 대회를 준비하러 갑시다!"

그리하여 아탈란테도 무사히 멧돼지 사냥 대회에 나가게 되었습니다. 하지만 멜레아그로스의 외삼촌들은 기분이 매우 나빴습니다.

*단호하다 결심이나 태도, 입장 따위가 과단성 있고 엄격하다.

드디어 멧돼지 사냥이 시작되었습니다. 멜레아그로스가 아탈란테에게 말했습니다.

"아탈란테, 함께 사냥할 수 있게 되어 무척 기쁘오."

"저도 참가하게 되어서 좋아요."

"이번 멧돼지는 성질이 몹시 사나우니, 부디 몸조심하시오."

사냥꾼들은 냄새를 잘 맡는 사냥개를 앞세워 멧돼지를 뒤쫓게

했습니다. 멜레아그로스와 사냥꾼들은 멧돼지를 찾아 깊은 숲으로 들어갔습니다. 그러다가 산비탈에 다다랐을 때입니다.

"컹컹! 컹컹!"

개들이 갑자기 짖어 대서 바닥을 자세히 살펴보니 멧돼지 발자국이 보였습니다.

"이 근처에 있다! 그물을 쳐라!"

사냥꾼들은 튼튼한 그물을 여기저기에 쳤습니다. 멜레아그로스가 신호를 보내자 병사들은 사냥개의 목줄을 풀었습니다. 사냥꾼들은 화살을 쏘고 창을 던질 준비를 했습니다.

"크릉, 크릉. 씩씩!"

갈대숲에 다다르자 멧돼지의 거친 숨소리가 들려왔습니다. 사냥꾼들은 바짝 긴장하고 갈대숲을 지켜보았습니다. 개들이 갈대숲을 향해 힘차게 달려 나갔습니다.

"크아앙!"

갑자기 갈대숲에서 멧돼지가 뛰어나와 개들을 향해 달려들었습니다. 그 *기세는 정말 대단했습니다. 사냥개들은 멧돼지의 엄니에 받혀 공중으로 붕 떠올랐다가 바닥에 털썩 떨어졌습니다.

사냥꾼들은 멧돼지를 향해 창을 던지고 화살을 쏘아 댔습니다. 하지만 멧돼지는 이리저리 피하며 사냥꾼들을 향해 무섭게 달려들었습니다.

"모두 피해요!"

눈 깜짝할 사이에 사냥꾼 두 사람이 멧돼지에게 받혀 쓰러졌습니다. 다른 사냥꾼들은 그 모습을 보고 두려움에 떨었습니다.

*기세 기운차게 뻗치는 형세.

칼리돈의 멧돼지 사냥 대회

〈칼리돈의 멧돼지 사냥〉 니콜라 푸생

칼리돈의 멧돼지를 잡기 위해 무장을 하고 사냥을 하는 모습이에요. 이 멧돼지 사냥은 아주 유명한데, 그리스 신화의 내로라하는 영웅들이 명예를 얻고자 이 사냥에 많이 참가했기 때문이에요.

용감한 모험가 이아손이 먼저 멧돼지를 잡겠다고 나섰습니다. 이아손은 창을 던지며 멧돼지를 잡게 해 달라고 아르테미스 여신에게 빌었습니다.

“다른 신보다 먼저 나에게 빌다니, 잘 생각했군.”

아르테미스 여신은 기분이 좋아서, 창이 멧돼지를 맞히게 놔두었습니다. 하지만 운이 없게도 창날이 자루에서 빠지면서 멧돼지 등에는 창 자루만 날아들었습니다. 자루를 맞은 멧돼지는 더욱 화가 나서 미친 듯이 날뛰었습니다.

"으악, 살려 줘!"

사냥꾼들은 기겁을 하며 이리저리 멧돼지를 피했습니다.

"그쪽으로 간다! 조심해!"

멧돼지가 네스토르에게 달려들자, 네스토르는 재빨리 나무로 올라가 몸을 피했습니다.

멧돼지는 나무 *둥치에 엄니를 뾰족하게 갈더니 다시 사냥꾼들을 공격했습니다. 사냥꾼들이 아무리 창을 던지고 화살을 쏘아도 소용이 없었습니다. 사냥꾼들은 나무뿌리에 걸려 넘어지기도 하고, 나뭇가지에 찔리기도 했지만, 허둥지둥 몸을 피하느라 바빴습니다.

*둥치 큰 나무의 밑동.

아탈란테는 멧돼지를 뚫어지게 노려보았습니다. 때를 기다리던 아탈란테는 *주저하지 않고 멧돼지를 향해 달려 나갔습니다.

“이번엔 내가 활을 쏘겠어!”

아탈란테는 멧돼지를 향해 활시위를 당겼습니다. 화살은 쉬익 소리를 내며 날아가 멧돼지의 몸에 박혔습니다. 멧돼지는 피를 흘리며 비틀거렸습니다.

아탈란테가 멧돼지를 맞히자, 멜레아그로스가 기뻐서 소리쳤습니다.

*주저하다 머뭇거리며 망설이다.

"아탈란테가 공을 세웠다! 당신의 용기는 칭찬 받고도 남을 것이오!"

하지만 다른 사냥꾼들은 여자에게 공이 돌아간 것을 보고 부끄러워 얼굴을 붉혔습니다. 양날 도끼를 가진 한 사냥꾼이 외쳤습니다.

"한낱 여자가 지닌 활이 남자들의 무기보다 낫다는 말인가? 내가 *대장부의 힘을 보여 주겠다!"

사냥꾼은 도끼를 들고 멧돼지를 내려치려고 했지만, 멧돼지의 날카로운 엄니에 도리어 자신이 쓰러지고 말았습니다. 테세우스도 이아손도 쉬지 않고 창을 던졌지만 멧돼지를 맞히지는 못 했습니다.

*대장부 건장하고 씩씩한 사내.

이번에는 멜레아그로스가 나섰습니다. 그는 온몸의 힘을 짜내어 멧돼지를 향해 창을 던졌습니다. 창은 힘차게 날아가 멧돼지의 등에 박혔습니다. 멧돼지는 입에서 거품을 뿜으며 땅바닥을 뒹굴었습니다.

"멧돼지가 쓰러졌다!"

그 틈을 놓치지 않고 멜레아그로스는 용감하게 다가가 다시 한 번 창을 내리꽂았습니다.

"끼엑!"

멧돼지는 엄청난 소리를 지르며 튀어오르더니, 바닥에 쿵 떨어져 숨이 끊어졌습니다.

"와아! 멧돼지를 잡았다!"

"멜레아그로스 왕자가 잡았다!"

5
외삼촌들과의 결투

"그 멧돼지는 모두 힘을 합쳐 죽인 것이다."

하지만 그런 외삼촌들의 말에 멜레아그로스는 태연하게 대꾸했습니다.

"아탈란테가 처음에 활을 쏘아 멧돼지를 맞히지 않았더라면

멧돼지를 잡을 수 없었을 것입니다."

쓰러진 멧돼지를 빙 두르며 사냥꾼들이 모여들었습니다. 숨이 끊어진 것을 알면서도 무서워서 가까이 다가가지 못하는 사냥꾼도 있었습니다.

"아탈란테! 그대가 가장 용감했소. 멧돼지를 쓰러뜨린 영광을 나와 함께 나누어 주시오."

멜레아그로스는 멧돼지의 머리와 가죽을 아탈란테에게 주며 말했습니다. 그것은 멧돼지를 잡은 사람이 아탈란테임을 인정한다는 뜻이었습니다. 아탈란테는 멜레아그로스가 자신의 *공로를 인정하고 선물을 주자 무척 기뻤습니다.

*공로 일을 마치거나 목적을 이루는 데 들인 노력과 수고. 또는 일을 마치거나 그 목적을 이룬 결과로서의 공적.

아탈란테와 멜레아그로스

〈사냥에서 돌아온 멜레아그로스와 아탈란테〉 아브라함 얀선스

멧돼지 사냥이 끝난 뒤 멜레아그로스가 아탈란테에게 멧돼지의 가죽과 엄니를 주는 그림이에요. 멜레아그로스는 이미 결혼을 한 몸이었지만, 아탈란테를 보는 순간 사랑에 빠져 그녀에게 영광을 돌렸지요. 하지만 이 행동으로 멜레아그로스에게 큰 불행이 닥치게 돼요.

사냥꾼들은 아탈란테가 가죽과 엄니를 받은 것을 보고 웅성거렸습니다. 여자인 아탈란테에게 영광이 돌아간 것이 못마땅했던 것입니다. 외삼촌인 톡세우스와 플렉시포스가 소리쳤습니다.

"멜레아그로스! 너의 말은 인정할 수 없다! 그 멧돼지는 모두 힘을 합쳐 죽인 것이다."

하지만 그런 외삼촌들의 말에 멜레아그로스는 *태연하게 대꾸했습니다.

"아탈란테가 처음에 활을 쏘아 멧돼지를 맞히지 않았더라면 멧돼지를 잡을 수 없었을 것입니다."

***태연하다** 마땅히 머뭇거리거나 두려워할 상황에서 태도나 기색이 아무렇지도 않은 듯이 예사롭다.

외삼촌들은 화가 난 나머지 얼굴이 붉으락푸르락 했습니다. 그러더니 이번에는 멧돼지의 가죽과 엄니를 빼앗기 위해 아탈란테에게 소리쳤습니다.

"아탈란테! 그 가죽과 엄니를 바닥에 내려놓아라. 네가 그걸 갖는 것은 우리 모두가 받을 명예를 가로채는 것과 같다."

멜레아그로스는 그 말을 듣고 몹시 화가 났습니다. 아무리 외삼촌들이라 하더라도 사랑하는 아탈란테에게 함부로 말하는 것은 참을 수가 없었습니다.

"남의 영광을 가로채려 하다니, 그게 무슨 소리입니까!"

외삼촌들은 그런 멜레아그로스를 보며 *비아냥거렸습니다.

"네가 여자에게 빠져 정신을 못 차리는구나. 아탈란테! 멜레아그로스가 좋아한다고 해서 날뛰지 마라. 아름다움을 무기로 원하는 걸 얻다니, 네 뜻대로 될 성 싶으냐!"

멜레아그로스는 울컥 화가 치밀었습니다.

"뭐라고요? 아무리 외삼촌이라고 해도 아탈란테를 *모욕하면 가만있지 않겠습니다!"

외삼촌들이 비웃음을 흘리자, 멜레아그로스는 참았던 화가 폭발했습니다.

*비아냥거리다 얄밉게 빈정거리며 자꾸 놀리다.
*모욕하다 깔보고 욕되게 하다.

“더 이상 참을 수 없다!”

멜레아그로스는 상대가 외삼촌이라는 것도 잊고 칼을 뽑아 들었습니다. 그러더니 순식간에 플렉시포스의 가슴을 찌르고 말았습니다. 지켜보던 톡세우스가 덤벼들었지만, 그마저 멜레아그로스의 칼에 쓰러졌습니다. 그야말로 눈 깜짝할 사이에 벌어진 일이었습니다.

“삼촌!”

잠시 뒤 정신을 차린 멜레아그로스는 그제야 자기가 무슨 짓을 저질렀는지 깨닫고는 칼을 떨어뜨리고 바닥에 무릎을 꿇었습니다.

“내가 무슨 짓을 저지른 것인가?”

멜레아그로스는 뒤늦게 후회하며 눈물을 흘렸습니다. 하지만 돌이킬 수는 없었습니다. 아르테미스 여신은 이 모든 일을 지켜보고 있었습니다. 하지만 그녀의 복수는 여기서 그치지 않았습니다.

신화 뒷이야기 OLYMPUS GUARDIAN

'아탈란테'는 '남자에게 맞먹는 여자'라는 뜻입니다. 이름에 걸맞게 신화에서 보기 드문 여걸이지요. 아탈란테는 아름다움을 지녔으면서도 여느 남자 못지않게 달리기도 잘하고 활도 잘 쏩니다. 어렸을 때 여자라는 이유로 부모에게 버림을 받아 곰의 품에서 자란 덕분이지요. 야성이 살아 있는 숲에서 여러 동물들과 마음껏 뛰어다니다 보니 튼튼하고 건강하게 자란 것입니다. 당시 그리스 사회는 남성 중심의 사회였습니다. 아탈란테는 여자라는 이유로 부모에게 버림을 받지만, 또 그 까닭에 남자들보다 더 뛰어나고 대단한 능력을 지닌 사냥꾼으로 자라나게 됩니다. 참 재미있는 일이지요. 아탈란테는 자신을 여자라고 비웃던 사냥꾼들을 제치고 멧돼지 사냥에서 공을 세웁니다. 참으로 통쾌한 장면이 아닐 수 없습니다. 멧돼지 사냥을 통해 아탈란테는 여자가 지닌 잠재력과 능력을 속 시원히 보여 준 것입니다. 하지만 아탈란테는 여전히 남성 중심의 사회에서 피해를

봅니다. 당당히 멧돼지를 죽인 공을 인정받아야 하지만, 사람들은 아탈란테가 멧돼지의 엄니와 가죽을 받은 것을 시기하고 못마땅해 합니다. 그로 인해 멜레아그로스가 자기 외삼촌들을 죽이는 비극이 일어나기도 하지요. 멜레아그로스가 그토록 경솔하게 행동한 것은 아탈란테의 아름다움에 눈이 멀었기 때문입니다. 이는 아름다움이 뿜어내는 매력은 그만큼 조심하지 않으면 비극을 가져올 수도 있다는 것을 보여 줍니다. 아르테미스 여신은 그 점을 이용해서 복수를 한 것입니다. 아름다움을 잃지 않으면서도 남성을 뛰어넘는 힘과 능력을 가진 아탈란테의 이야기를 통해 우리는 과연 오늘날에는 남녀가 평등한지에 대해 생각해 볼 수 있습니다. 또 아름다움에 대처하는 자세에 대해서도 비판적으로 생각해 볼 수 있습니다.

올림포스 신들의 계보

크로노스 + 레아
하데스
지하 세계의 왕
포세이돈
바다의 신
제우스
신들의 왕
헤라
신들의 여왕,
제우스의 아내
헤스티아
난로 · 불의 여신
데메테르
대지의 여신
아테나
지혜 · 전쟁의 여신
제우스 + 메티스
아폴론
의술 · 음악의 신
제우스 + 레토
아르테미스
사냥 · 순결의 여신
아스클레피오스
의술의 신
아레스
전쟁의 신
제우스 + 헤라
헤파이스토스
대장간의 신
제우스 + 디오네
아프로디테
헤파이스토스의 아내,
미의 여신
에로스
사랑의 신
헤르메스
신들의 전령,
상업의 신
제우스 + 마이아
디오니소스
술의 신
제우스 + 세멜레
페르세포네
하데스의 아내
지하 세계의 여왕
제우스 + 데메테르

⚜ 그리스 로마 신화 주요 인물의 이름 ⚜

그리스 어	로마 어	영어
가이아	텔루스	
니케	빅토리아	나이키, 빅토리
데메테르	케레스	세레스
디오니소스	바쿠스	바커스
레아	키벨레	시벨레
아레스	마르스	마스
아르테미스	디아나	다이애나
아테나	아테네, 미네르바	
아폴론	아폴로	아폴로
아프로디테	베누스	비너스
에로스	쿠피드, 아모르	큐피드
오디세우스	울릭세스	율리시스
우라노스	카일루스	유러너스
제우스	유피테르	주피터
크로노스	사투르누스	새턴
페르세포네	프로세르피나	
포세이돈	넵투누스	넵튠
하데스	플루톤	플루토
헤라	유노	주노
헤라클레스	헤르쿨레스	허큘리스
헤르메스	메르쿠리우스	머큐리
헤스티아	베스타	
헤파이스토스	불카누스	벌컨

그리스 로마 신화 올림포스 가디언 12

사냥꾼 아탈란테와 멜레아그로스

펴낸이 양원석
펴낸곳 (주)알에이치코리아
등록 2004년 1월 15일 제2-3726호
주소 서울특별시 금천구 가산디지털2로 53, 20층 (한라시그마밸리)
문의전화 02)6443-8800

ISBN 978-89-255-4436-6(74800)
ISBN 978-89-255-4354-3(세트)

값 **12,800원**

원작 만화로 보는 그리스 로마 신화(가나출판사)
이광진 엮음, 홍은영 그림
명화 구입처 유로크레온(주)

※잘못된 책은 구입하신 곳에서 바꾸어 드립니다.
※책 모서리가 날카로워 다칠 수 있으니 사람을 향해 던지거나 떨어뜨리지 마십시오.